Los primeros congresos

Wendy Conklin, M.A.

Índice

Preparar el camino

Antes de que Estados Unidos fuera un país, nadie se hubiera atrevido a pensar que la gente común podía crear sus propias leyes. Los reyes, las reinas y los sacerdotes eran los únicos aptos para gobernar. ¡Al menos eso creían ellos! Un grupo de hombres entusiastas cambió esa manera de pensar. Formaron los primeros congresos en las colonias y lideraron el camino hacia la libertad.

▲ Líderes del Congreso Continental: John Adams, Gouverneur Morris, Alexander Hamilton y Thomas Jefferson

El sabor de la libertad

Andrew Hamilton, un abogado famoso, hizo historia en 1735. Era el abogado de un hombre llamado Peter Zenger. Zenger había hablado en contra del gobernador William Cosby. En esa época, nadie podía hablar en contra de los gobernantes coloniales.

Este gobernador estaba bajo el mando del rey británico. Todos sabían que era un gobernador corrupto. Había arreglado las elecciones para que ganaran determinadas personas. También tomaba dinero y tierras de los colonos. Zenger imprimió estas acusaciones en su periódico de Nueva York. Las acusaciones enojaron mucho al gobernador. Entonces acusó a Zenger de mentir sobre su persona y de imprimir mentiras.

El apellido Hamilton

¡No hay que confundir a Andrew Hamilton con Alexander Hamilton! Alexander Hamilton también era abogado. Más tarde, se convirtió en el primer secretario del tesoro de Estados Unidos.

Andrew Hamilton

El jurado en el juicio de Zenger estaba compuesto por personas comunes. Hamilton creía que el jurado era lo suficientemente inteligente para determinar si Zenger era culpable o inocente. Le dijo esto al jurado y ellos decidieron que Zenger era inocente. El gobernador británico estaba muy molesto. Por primera vez, los colonos comenzaron a ver que podían gobernarse por sí mismos.

Lecciones de los iroqueses

Los indígenas norteamericanos dieron a los líderes coloniales algunas excelentes ideas. La tribu iroquesa tenía seis naciones que se gobernaban a sí mismas. Trabajaban juntas en tiempos de guerra o para hacer negocios.

▼ Una escena de un juicio por jurado en el siglo XVIII

Tributación sin representación

Muchos años antes, en 1215, Gran Bretaña tenía un gobernante sediento de poder, llamado rey Juan. "Puedo hacer todo lo que quiera", pensaba. Los británicos se habían cansado de ser sus sirvientes, así que se rebelaron y tomaron la ciudad capital de Londres. Así, obligaron al rey Juan a firmar un acuerdo llamado Carta Magna. Este acuerdo les otorgaba derechos a los británicos a través del Parlamento. El Parlamento es la **rama legislativa** británica que representa al pueblo y crea las leyes.

▼ **El rey Juan firma la Carta Magna.**

A través del Parlamento, el pueblo británico votaba sus leyes e impuestos. Los colonos se consideraban a sí mismos **ciudadanos** británicos. Pero no había nadie que representara a los colonos en el Parlamento británico. Los colonos llamaban a esto "tributación sin representación".

Cuando los ingleses llegaron al Nuevo Mundo, tenían copias de la Carta Magna. Cada vez que el Parlamento aprobaba nuevos impuestos sin su voto, los colonos se sentían engañados. Juraron luchar con la espada en una mano y la Carta Magna en la otra.

Franklin en Inglaterra

Ben Franklin trabajó para mostrar a Inglaterra cómo se sentían los colonos. Los colonos no sabían hasta qué punto los defendía. Algunos hasta amenazaron su casa en Pensilvania por un tiempo porque creían que era un traidor.

▼ **Parlamento británico en 1608**

Benjamin Franklin

Unir las colonias

Para los colonos, estaba claro que no tenían los mismos derechos que las personas que vivían en Inglaterra. Por eso, dejaron de pensar en sí mismos como colonos británicos. Los colonos comenzaron a llamarse a sí mismos virginianos, carolinianos del norte y nuevos ingleses.

Samuel Adams había crecido en las colonias. Sabía que las colonias debían separarse de Gran Bretaña. Para ello, debía lograr que la gente se enojara con los gobernantes británicos.

▼ Samuel Adams

La Cámara de los Burgueses de Virginia

Virginia formó la primera legislatura elegida por el pueblo en el Nuevo Mundo. Se llamó la Cámara de los Burgueses y se reunió por primera vez en la iglesia de Jamestown el 30 de julio de 1619.

Adams quería encontrar la manera de unir las colonias. Organizó grupos de colonos y los llamó **Comités de Correspondencia**. Estos comités estaban compuestos por líderes importantes de distintas colonias. Se escribían cartas entre sí acerca de los problemas e intentaban ofrecer ayuda.

Adams también inició un grupo llamado los Hijos de la Libertad. Estos hombres se reunían en secreto y hacían planes para asegurarse de que los colonos recibieran un trato justo. Fue por medio de estos grupos que Adams motivó a otros a pensar en la libertad.

El sentido común

Thomas Paine escribió un panfleto llamado *El sentido común*. Este panfleto les decía a los colonos que podían vivir sin un rey. Era una idea radical para la época.

Thomas Paine

▼ **Anuncio en el periódico para los Hijos de la Libertad**

ADVERTISEMENT.

THE Members of the Affociation of the Sons of Liberty, are requefted to meet at the City-Hall, at one o'Clock, To-morrow, (being Friday) on Bufinefs of the utmoft Importance;—And every other Friend to the Liberties, and Trade of America, are hereby moft cordially invited, to meet at the fame Time and Place. *The Committee of the Affociation.*

Thurfday, NEW-YORK, 16th December, 1773.

COMMON SENSE;

ADDRESSED TO THE

INHABITANTS

OF

AMERICA,

On the following interefting

SUBJECTS.

I. Of the Origin and Defign of Government in general, with concife Remarks on the Englifh Conftitution.

II. Of Monarchy and Hereditary Succeffion.

III. Thoughts on the prefent State of American Affairs.

IV. Of the prefent Ability of America, with fome mifcellaneous Reflections.

Man knows no Mafter fave creaing HEAVEN, Or thofe whom choice and common good ordain.

El primer Congreso Continental

Samuel Adams quería separarse de Gran Bretaña. Sabía que podía confiar en que los colonos se gobernaran a sí mismos. Los miembros de los Comités de Correspondencia se reunieron en Filadelfia en 1774. Estos líderes formaron el primer **Congreso Continental**.

Sabiendo que Gran Bretaña los acusaría de **traición**, mantuvieron sus reuniones en secreto. Algunos de los **delegados** creían que debían tratar de trabajar con Gran Bretaña. Otros pensaban que sería mejor separarse y declarar la guerra.

La ausencia de Georgia

Los delegados llegaron de todas las colonias, excepto de Georgia. El gobernador británico de Georgia no permitió que los delegados fueran a la reunión.

Tres delegados ► camino al primer Congreso Continental

El Congreso pidió a los colonos que dejaran de comprar bienes británicos. También les ordenó formar **milicias**. Y lo más importante, escribió al rey una carta llamada la Carta de Derechos y Agravios. Esta carta explicaba lo que sentían acerca de los impuestos y la falta de derechos. Era una carta respetuosa. Los delegados esperaban que el rey solicitara al Parlamento un cambio en las leyes. Los delegados acordaron reunirse siete meses después para escuchar la respuesta del rey.

La influencia de Patrick Henry

Patrick Henry era un delegado que motivó a otros a pensar como un grupo. Les dijo: "Las diferencias entre Virginia, Nueva York y Nueva Inglaterra ya no existen. Yo no soy virginiano, sino estadounidense".

Patrick Henry

▼ Carta de Derechos y Agravios

▲ Sesión del Congreso Continental

Un trabajo importante

John Hancock fue elegido presidente del segundo Congreso Continental.

Una última oportunidad

El rey ignoró la carta del Congreso Continental. El Parlamento británico promulgó una ley que decía que era ilegal que las colonias comerciaran entre sí. Ahora, las colonias tendrían que comprar productos británicos para sobrevivir. En ese momento, todos los delegados que antes habían sido leales al rey cambiaron de opinión.

El segundo Congreso Continental se reunió tal como se había planeado y tenía que tomar grandes decisiones. Se esperaba que cada delegado compartiera su opinión sobre la situación. Esto tomó mucho tiempo porque había muchos delegados.

Declarar la independencia de Gran Bretaña era un paso muy importante. Todavía había quienes querían darle al rey una última oportunidad para evitar la guerra. Escribieron una carta llamada la **Petición de la Rama de Olivo**. Esta carta pedía al rey que aboliera las leyes de impuestos. También prometía que las protestas terminarían si se cumplían sus demandas. Una vez más, el rey decidió ignorar sus pedidos.

Las responsabilidades del Congreso

El Congreso comenzó a imprimir dinero y a formar un ejército.

▲ **Edificio del Parlamento británico en Londres**

Independencia, ¿sí o no?

Los delegados debatieron durante meses y meses. "¿Debemos declarar la independencia de Gran Bretaña?", se preguntaban.

Para muchos, era difícil imaginar la vida sin un rey. Se preguntaban cómo crearían y harían funcionar una oficina de correos. ¿Cómo pagarían las facturas en este nuevo país? ¿Cómo se dirigirían los tribunales?

Otros creían que la única manera de vivir era apartarse de Gran Bretaña. Patrick Henry, de Virginia, era un talentoso orador. Dio muchos discursos en los que decía: "No sé qué camino pueden tomar otros; pero en cuanto a mí, ¡denme la libertad o denme la muerte!".

▲ **Patrick Henry habla ante la Cámara de los Burgueses de Virginia**

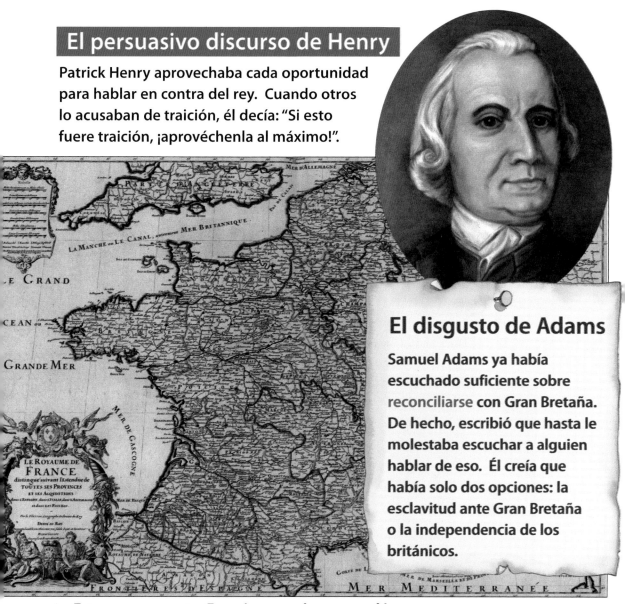

El persuasivo discurso de Henry

Patrick Henry aprovechaba cada oportunidad para hablar en contra del rey. Cuando otros lo acusaban de traición, él decía: "Si esto fuere traición, ¡aprovéchenla al máximo!".

El disgusto de Adams

Samuel Adams ya había escuchado suficiente sobre reconciliarse con Gran Bretaña. De hecho, escribió que hasta le molestaba escuchar a alguien hablar de eso. Él creía que había solo dos opciones: la esclavitud ante Gran Bretaña o la independencia de los británicos.

▲ Este mapa muestra Francia, un país que ayudó a las colonias durante la Revolución.

El Congreso sabía que había que formar **alianzas** con países extranjeros. Sin duda, los colonos necesitarían la ayuda de Francia para derrotar a los británicos. Era tarea del Congreso convencer a Francia para que ayudara a las colonias a ganar la guerra.

15

La Declaración de Independencia

Se formó un comité para redactar la Declaración de Independencia. El autor principal fue un callado virginiano llamado Thomas Jefferson. El **documento** establece que el rey había perjudicado a las colonias. Describe qué es un buen gobierno. Luego, le dice al mundo que los colonos ya no pertenecen a Gran Bretaña.

Benjamin Franklin y John Adams revisan el borrador de
▼ la Declaración de Independencia de Thomas Jefferson.

El 28 de junio de 1776 se presentó un borrador del documento ante el Congreso. Los delegados debatieron el documento durante algunos días. El 2 de julio, llegó el momento de votar. Dependía del delegado de cada colonia emitir su voto. Doce de las trece colonias votaron a favor de la declaración. Nueva York debía esperar las instrucciones de los líderes de su estado.

Finalmente, el 4 de julio de 1776, el Congreso aprobó formalmente la Declaración de Independencia. Los hombres sabían que firmar el documento significaba que traicionaban a Inglaterra. Entendían que estaban firmando sus propias sentencias de muerte si perdían la guerra.

El diario del rey

El 4 de julio de 1776, el rey Jorge III escribió en su diario: "Nada importante sucedió el día de hoy".

Resolución del 2 de julio de 1776, según la cual el Congreso Continental acuerda independizarse de Inglaterra

La esclavitud en la Declaración

Jefferson incluyó una sección contra la esclavitud en sus primeros borradores del documento. Algunos delegados coloniales se negaron a firmarla. Para evitar que las colonias se separaran, el Congreso aceptó eliminar esa sección.

El Congreso elige un comandante en jefe

Con la milicia lista para combatir, los colonos necesitaban un líder. En el segundo Congreso Continental, John Adams se puso de pie para hablar. John era primo de Samuel Adams y era igual de inteligente. Le dijo al Congreso lo que todos habían estado pensando. Necesitaban tanto un ejército como un general. Adams dijo: "¡Conozco al hombre indicado para este trabajo!".

▼ **El Congreso Continental nomina a Washington como comandante en jefe.**

John Adams era amigo cercano de John Hancock. Como Hancock había sido soldado en el pasado, creía que sería una posible opción para general.

Adams describió al hombre que tenía en mente. Para sorpresa de todos, la descripción no era la de Hancock. En su lugar, Adams **nominó** a George Washington como general.

Por supuesto, Hancock estaba desilusionado, pero sabía que Washington era una buena opción. Rápidamente, escribió la orden que nombraba a Washington como comandante del Ejército Continental.

Contratación de Washington

George Washington aceptó el puesto de general con una condición. No aceptaría dinero por su trabajo.

George Washington

▼ Comisión de Washington como comandante en jefe

Artículos de la Confederación

El Congreso sabía que tenía que apurarse y establecer alguna forma de gobierno. Un gobierno central fuerte estaba fuera de discusión. Habían tenido suficiente con la **monarquía** británica. El Congreso quería establecer un gobierno con poderes limitados.

En noviembre de 1777, el Congreso escribió los Artículos de la Confederación. Cuando fueron **ratificados** en marzo de 1781, los artículos sirvieron como la primera **constitución** de los Estados Unidos. Desafortunadamente, este documento no otorgaba mucho poder a nadie.

▼ **Artículos de la Confederación**

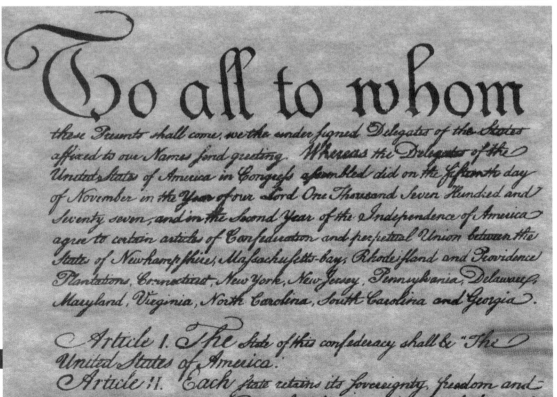

Los estados pequeños temían no tener representación. Por eso, los artículos le dieron a cada estado el mismo número de votos en el Congreso. Esto enojó a los estados grandes porque tenían más personas. "¿No deberíamos tener más votos?", opinaban.

El Congreso estaba ocupado creando leyes, haciéndolas cumplir y castigando a los delincuentes. Eran muchas cosas y no estaba funcionado. Los estados hacían lo que querían porque las leyes federales no se hacían cumplir.

No exactamente Estados "Unidos"

Muchos de los estados crearon su propia moneda. También elaboraron sus propias reglas sobre el comercio. Los estados no estaban para nada unidos.

Convención Constitucional

Después de ver que los Artículos de la Confederación no funcionaban, se realizó una **Convención Constitucional**. Estos hombres escribieron una nueva constitución. Establecieron tres ramas de gobierno que compartían el poder: un congreso, un presidente y un sistema judicial.

Esta constitución dividió al Congreso en dos partes: la Cámara de Representantes y el Senado. El número de representantes en la Cámara se determina según la población de cada estado. Cada estado elige solo dos representantes para el Senado. Esta es la **rama legislativa** del gobierno. Crea las leyes para el país.

También se organizó una **rama ejecutiva**, dirigida por el presidente. Esta rama se asegura de que se cumplan las leyes.

▼ **Firma de la Constitución de EE. UU.**

▲ El Salón de la Independencia en Filadelfia, lugar de reunión de la Convención Constitucional

La **rama judicial** está compuesta por los tribunales y los jueces. Esta rama del gobierno debe decidir qué significan las leyes.

El país del que disfrutamos hoy no hubiera sido posible sin los hombres de los primeros congresos. Su valentía y excelencia ayudaron a formar Estados Unidos.

Reuniones secretas

Lo que sucedía en la Convención Constitucional se mantuvo en secreto. Las puertas y ventanas estuvieron cerradas. Los delegados sentían que podían hacer más si no había interrupciones. Por fortuna, James Madison tomó nota sobre lo que sucedió y lo que se dijo.

Glosario

alianzas: acuerdos con otros países

ciudadanos: personas que son miembros de un país y reciben su protección a cambio

Comités de Correspondencia: un grupo de líderes de todas las colonias que se escribían cartas solicitando consejos y apoyo

Congreso Continental: una reunión de delegados de las colonias para decidir cómo tratar con Gran Bretaña

constitución: un documento que traza las leyes que rigen un país

Convención Constitucional: una reunión en la que los delegados crearon y votaron las leyes que regirían en Estados Unidos

delegados: personas enviadas a representar y hablar en nombre de un grupo

documento: un papel oficial del gobierno

milicias: ejércitos compuestos por hombres de las colonias

monarquía: gobierno de un país a cargo de un rey o una reina

nominó: sugirió a una persona específica para ocupar una posición o realizar un trabajo

Petición de la Rama de Olivo: una carta para el rey Jorge en la que se le solicitaba que trabajara con los colonos para evitar la guerra; la rama de olivo es un símbolo de paz

radical: creencia drástica, extrema, nueva o revolucionaria

rama ejecutiva: parte del gobierno que debe ejecutar las leyes

rama judicial: parte del gobierno que debe decidir qué significan las leyes

rama legislativa: parte del gobierno que crea las leyes

ratificados: aceptados mediante el voto

reconciliarse: volver a la armonía o la amistad

traición: conspirar encontra del propio país